Made in the USA
Monee, IL
21 January 2022

89555936R00072